GILBERT DELAHAYE
MARCEL MARLIER

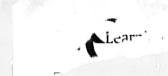

martine
protège la nature

Texte de JEAN-LOUIS MARLIER

casterman

À plat ventre dans les hautes herbes, cachée par un tronc d'arbre,
Martine retient son souffle.

Le soleil est chaud. Il lui brûle un peu la peau mais elle reste immobile.

Devant ses yeux, les grillons s'élancent d'herbe en herbe. Les fourmis
s'activent en procession.

Là-bas, son amie
Coccinelle la cherche.
Elle a fini de compter et
s'avance comme une lionne,
prête à bondir sur sa proie.

– Martine, crie-t-elle soudain, si tu te caches dans les hautes herbes, fais attention... aux serpents !

– Des serpents ? hurle Martine qui, d'un bond, se redresse pour chercher un refuge.

Coccinelle éclate de rire. Elle rit tellement qu'elle en perd la respiration.

– Tu as triché ! s'indigne Martine. Attends que je t'attrape, tu vas voir !

La poursuite ne dure pas longtemps ; le rire et la chaleur arrêtent bien vite les deux amies qui se laissent tomber près d'une souche d'arbre.

– Pour me faire pardonner, je t'emmène dans ma cabane secrète,
dit Coccinelle.

– Loin d'ici ? questionne Martine.

– Juste au-dessus de nous.

Martine lève les yeux.

Dans les arbres, trône une vraie petite maison.

– C'est génial. Tu dors parfois là-haut ?

– Oui, très souvent en été, répond Coccinelle. D'ailleurs, c'est ici que tu vas loger avec moi si cela ne te dérange pas !

– Me déranger ? Au contraire.

Martine est ravie.

Coccinelle est une nouvelle amie d'école.

Sûr qu'en acceptant son invitation pour le week-end, elle ne s'attendait pas à une telle aventure.

– Tu verras, il y a des lits et on y dort super bien. On peut même monter avec l'échelle de corde. C'est encore plus amusant.

Là-haut, on se sent en sécurité et les bruits de la nuit ne font plus peur.

Dès l'aube, Coccinelle réveille son amie.

– Debout, on part à la chasse.

– La chasse aux lapins ? marmonne Martine encore ensommeillée.

– Non, la chasse aux papillons !

– Où est ton filet ?

– Pas de filet. Je chasse seulement les images. Un petit appareil photo et puis... zou !

– Sur ces orties là-bas, on va certainement trouver des vulcains et des paons du jour.

– Des... vulcains ? Pourquoi sur les orties ?

– Parce qu'ils ne peuvent pas pondre ailleurs. Beaucoup d'insectes ne vivent qu'avec une plante précise. Sans elle, ils meurent. Donc pour avoir beaucoup d'espèces d'insectes, il faut beaucoup de plantes différentes. C'est pour ça que mon papa laisse pousser des herbes folles et que nous n'avons presque pas de gazon coupé à la tondeuse. Oh, regarde, voilà un paon du jour ! **Clic !** Vole, papillon, vole ! Ta photo est dans la boîte.

– Je vais te présenter mon papa,
dit Coccinelle. Il est là bas, dans
le grand étang.

– Là-bas ?

– Oui, là ! Tu vois bien. Le canard.

– Ton papa, c'est le canard ?

Martine ouvre de grands yeux.

L'oiseau et son nid de branchages
s'élèvent soudain dans les airs
et monsieur Charles regagne
lentement la rive en portant
sur la tête ce bien
encombrant camouflage.

– J'ai des clichés magnifiques !
s'écrie-t-il, en brandissant
son appareil photo.

Une espèce rare de libellule !

Martine l'écoute à peine tant cette ruisselante apparition l'a étonnée.

Le papa de Coccinelle pense qu'il est bon de donner quelques explications.

– Tu dois me prendre pour un fou. Pourtant, au moment où nous parlons, je suis en plein travail. Je suis entomologiste.

– Entomo... quoi ?

– Suis-moi et tu verras.

Le reste de la journée, les fillettes ont accompagné monsieur Charles dans son étrange métier.

Entomologiste, cela veut dire que l'on passe tout son temps à étudier les insectes. Parfois sur l'eau ou au-dessous de l'eau, parfois en haut des arbres, parfois couché sur le sol.

– Les insectes nous apprennent beaucoup de choses. Regarde ce nid
de guêpes. Les alvéoles ont six côtés comme chez les abeilles.
C'est la forme parfaite, idéale pour construire léger et solide.
C'est tellement intelligent que nos ingénieurs
s'en inspirent. Pour les avions ou les bateaux
de course, les hommes copient ce que les
insectes ont inventé il y a des milliers
d'années.

À la loupe, au microscope... C'est passionnant d'observer les insectes !
Antennes, élytres, mandibules, Coccinelle connaît un tas de mots
compliqués qu'elle explique à
Martine.

– Regarde celui-là, dit
Coccinelle.
Il est coloré et brillant.
On dirait un bijou...
C'est un coléoptère.
– Un coléo... ? Martine se
tourne vers son amie.
À l'école, la fillette ne parle
jamais de tout cela ;
pourtant… elle en sait des choses !

– Dis, tu t'appelles vraiment Coccinelle ? demande Martine intriguée.
– Mon vrai prénom, c'est Anaïs. Mais depuis que je suis toute petite,
j'adore les bêtes à bon dieu. Alors, papa
m'a donné ce surnom qui me plaît bien !

On se remet en chasse ?

Mais ce n'est pas un insecte que les enfants découvrent en écartant les rhododendrons. Là, sur le sol, une mésange bleue est morte.

– Elle paraît toute jeune. Que lui est-il arrivé ? questionne Coccinelle soudain très triste.
Son papa observe un instant le petit corps immobile.
– Elle a certainement été empoisonnée.

14

– Empoisonnée ? Qui est assez méchant pour faire ça ?

– Notre voisin n'est pas méchant mais il pulvérise des produits toxiques sur ses arbres fruitiers pour détruire les chenilles. Si les chenilles sont empoisonnées, les oiseaux qui les mangent meurent aussi.

C'est comme le poison contre les limaces que les gens mettent dans les jardins. Ce poison-là tue les merles et les grives musiciennes qui chantent si bien. Tu sais, Martine, sans les insectes : plus de fruits, plus de légumes, plus d'oiseaux dans le ciel... Et puis tous ces produits sont dangereux aussi pour les humains, dit tristement monsieur Charles en serrant Coccinelle contre lui.

– Ils sont fous ! Il faut leur dire d'arrêter !

– Nous essayons, reprend le papa... mais c'est très long !

– J'ai une idée ! s'écrie Martine.

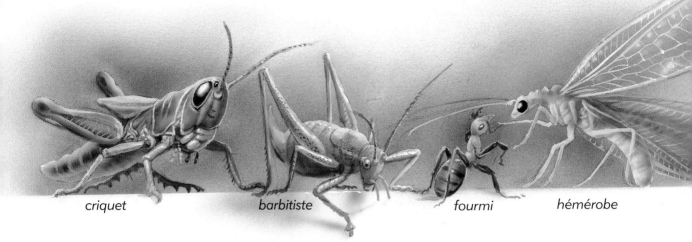

criquet   *barbitiste*   *fourmi*   *hémérobe*

– Nous allons organiser une grande journée des insectes, propose Martine. Avec des costumes… comme au carnaval et puis…

– Oh, oui ! ajoute Coccinelle. Un défilé dans les rues de la ville avec des pancartes et des banderoles. Tu vas nous aider, papa ?

Quand une idée est bonne, il ne faut pas hésiter à aller de l'avant.

Martine et Coccinelle ont rédigé une jolie lettre pour expliquer le projet. Grâce à internet, elles l'ont envoyée à tous leurs amis. Et pour trouver l'inspiration, les fillettes ont regardé les photos prises la journée.

– Je me verrais bien avec un costume comme celui de ce bel animal vert, dit Martine rêveuse.

– Une éphémère ? Et que dirais-tu de devenir un joli papillon, avec une trompe et des antennes ?

Ou alors un gros bourdon ?

– Ou une fine guêpe ?

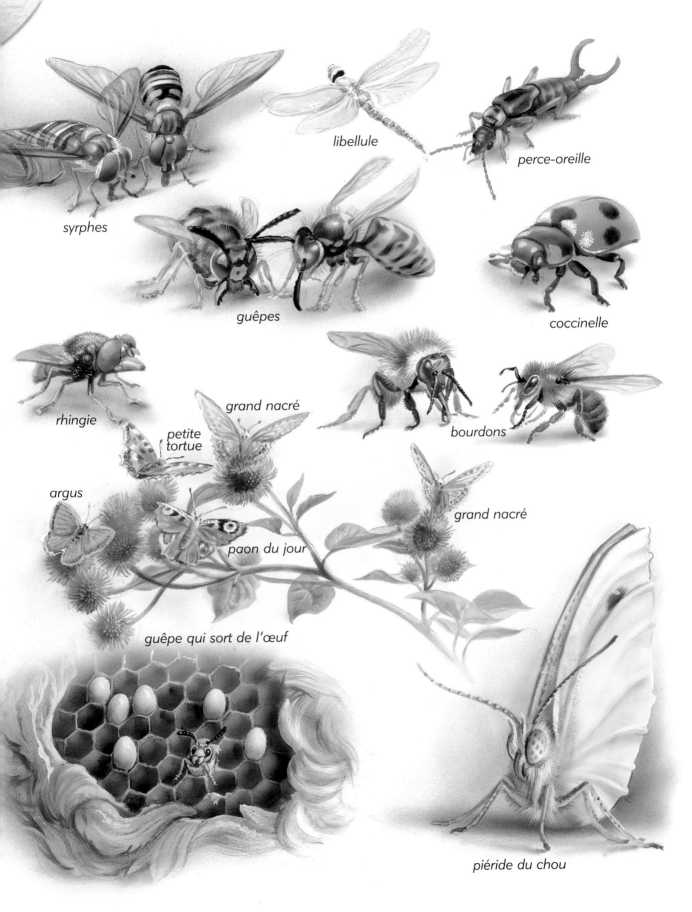

syrphes

libellule

perce-oreille

guêpes

coccinelle

rhingie

grand nacré

petite
tortue

bourdons

argus

grand nacré

paon du jour

guêpe qui sort de l'œuf

piéride du chou

Le jour dit, les volontaires sont arrivés nombreux et une couturière a pris la direction des opérations. Elle a dessiné les modèles selon les souhaits de chacun puis elle a distribué le travail.

Dans un bourdonnement de ruche, papier mâché, carton, tissu et fil de fer sont devenus des ailes, des yeux, et des antennes. En quelques week-ends voilà la petite troupe joyeuse et colorée prête à prendre son envol.

Quel succès quand tous ont
déployé leurs ailes
pour traverser le
marché de la petite ville.
Aux journalistes présents
sur place, ils ont expliqué
qu'ils ne voulaient plus
de poison sur les champs
ni dans les vergers.

Quand les téléspectateurs ont découvert les images à la télé, ils ont
écrit pour dire qu'ils voulaient, eux aussi, revoir des papillons dans leur
jardin. Une manifestation bien plus grande est prévue et, si tous se
déguisent, ce sera une fête formidable.

Martine sait qu'elle a encore beaucoup à apprendre sur le monde fabuleux des insectes. Ces petites bêtes qui lui faisaient peur maintenant la passionnent. Peut-être qu'un jour, elle aussi deviendra entomo... chose. Entomo quoi déjà ?

Le seul dans cette histoire qui n'est pas très heureux, c'est Patapouf... Allez savoir pourquoi !?

http://www.casterman.com
D'après les personnages créés par Gilbert Delahaye et Marcel Marlier / Léaucour Création.
Imprimé en Italie. Dépôt légal : septembre 2009 ; D. 2009/0053/493.
Déposé au ministère de la Justice, Paris (loi n° 49.956 du 16 juillet 1949 sur les publications destinées à la jeunesse).
ISBN 978-2-203-02479-3